LA

JUSTICE DE DIEU

LA
JUSTICE DE DIEU

PAR

L. ALLEMAND

NIMES

LOUIS GIRAUD, LIBRAIRE-ÉDITEUR

—

1871

MONTPELLIER, IMPRIMERIE GRAS.

LA

JUSTICE DE DIEU

PARIS-BABYLONE

Il me semble que j'écris avec du sang, aux fauves lueurs de l'incendie. Tous les crimes punis en enfer s'y sont donné rendez-vous. Babylone a condensé en elle toute la perversité des démons; les puissances des ténèbres ont pris chair, nous avons vu des cités possédées.

Misérable fille de Babylone! heureux qui a pu

tenir tes enfants et les broyer entre les pierres de tes palais renversés (1)!

Ainsi donc te voilà, reine des cités, toi, dont les enchantements enivraient toute la terre. Parée de pourpre et d'or, tu semblais avoir vaincu Dieu, ton ennemi. Il a eu son tour, le Galiléen!

Te voilà tombée, te voilà tombée, Babylone la grande : tu es devenue la demeure des démons et la retraite de tout esprit impur et de tout oiseau immonde, et qui fait horreur.

Toutes les nations avaient bu du vin de la colère de ta prostitution, et les rois de la terre s'étaient corrompus avec toi, et les marchands de la terre s'étaient enrichis de l'excès de ton luxe.

Enfin, tes péchés sont montés jusqu'au Ciel, et Dieu s'est ressouvenu de tes iniquités.

Il t'a rendu au double selon tes œuvres; il t'a fait boire deux fois autant dans la coupe où tu nous faisais boire.

Multipliez donc ses tourments et ses douleurs, à proportion des hauteurs de son orgueil et des délices dans lesquels elle s'est vautrée. Elle disait:

(1) Psaume cxxxvi.

« Je suis reine, je ne suis point veuve et je ne connaîtrai pas le deuil.»

C'est pourquoi, en un seul jour, sont venues ses plaies, et la mort, et le deuil, et la famine ; et elle a été brûlée par le feu, parce qu'Il est puissant, le Dieu qui l'a jugée.

Les rois de la terre qui se sont corrompus avec elle, et qui ont vécu avec elle dans les délices, pleurent sur elle et se frappent la poitrine en voyant la fumée de son embrasement.

Ils se tiennent loin d'elle, dans la crainte de ses tourments, en disant : « Malheur! malheur! Babylone, la grande ville, la puissante ville, ta condamnation est venue en un moment.»

Et les marchands de la terre pleurent et gémissent sur elle, parce que personne n'achètera plus de leurs marchandises ;

Ces marchandises d'or et d'argent, de pierreries, de perles, de fin lin, de pourpre, de soie, d'écarlate, de toute sorte de bois odoriférant, et de meubles d'ivoire, de pierres précieuses, d'airain, de fer et de marbre ;

De cinnamome, de senteurs, de parfums, d'encens, de vin, d'huile, de fleur de farine, de blé, de bêtes de charge, de brebis, de chevaux, de chariots, d'esclaves et d'hommes libres.

Les fruits si chers à ton âme te sont ravis ; tout ce qu'il y a d'exquis et de splendide est perdu pour toi, et ne se trouvera plus.

Ceux qui lui vendaient ces marchandises et qui s'en sont enrichis s'éloignent d'elle, dans la crainte de ses tourments, et ils pleurent et ils gémissent,

Disant : « Malheur ! Malheur ! cette grande cité, qui était vêtue de fin lin, de pourpre et d'écarlate, parée d'or, de pierreries et de perles ! »

En une heure ont été anéanties de si grandes richesses. Tous les pilotes, tous ceux qui naviguent sur les mers, les matelots et tous ceux qui font le commerce sur les eaux, se sont tenus au loin ;

Ils ont crié, voyant le lieu de son embrasement, et ils ont dit : « Quelle ville a jamais égalé cette grande ville ? »

Et ils se sont couvert la tête de poussière, et ils ont jeté des cris mêlés de larmes et de sanglots, disant : « Malheur ! malheur ! Cette grande ville, qui a enrichi de son abondance tous ceux qui avaient des navires sur la mer, en une heure elle a été ruinée ! »

Ciel, réjouissez-vous sur elle, et vous, saints apôtres et prophètes, parce que Dieu a fait justice d'elle.

Et la voix des joueurs de harpe, des musiciens, des joueurs de flûte et de trompette, ne s'entendra plus en toi; et le bruit de la meule ne s'y entendra plus.

Et la lumière des lampes ne luira plus en toi, et la voix de l'époux et de l'épouse ne s'y entendra plus. Car tes marchands étaient des princes de la terre, et toutes les nations ont été séduites par tes enchantements.

Et l'on a trouvé dans cette ville le sang des prophètes et des saints, et de tous ceux qui ont été tués sur la terre.

Et déjà l'on entend dans le ciel un bruit comme d'une grande multitude qui dit : *Alleluia !* Salut, gloire et puissance à notre Dieu !

Parce que ses jugements sont véritables et justes ; parce qu'il a condamné la grande prostituée qui a corrompu la terre par sa prostitution, et qu'il a versé le sang de ses serviteurs répandu par ses mains.

Et ils disent une seconde fois : *Alleluia !* Et la

fumée de son embrasement s'élève dans les siècles des siècles (1).

Ce feu est sans lumière ; il sort de ces gouffres où nul ordre n'habite, où habite l'éternelle horreur (2).

Les chefs-d'œuvre de Lescot, ou de Perrault, de Philippe Delorme, de Mansart, peuvent s'écrouler ; granit fait de poussière agglomérée, ils sont rendus à leur origine. Qu'est-ce que cela ?

Le Titien, Véronèse, Murillo, Rubens, Raphaël, alimentent les flammes où Babylone se consume et se tord dans le désespoir. Qu'est-ce que cela ? Le génie humain ! des toiles, des lignes, de la couleur : gloire fragile !

Des monstres de tout sexe, de tout âge, promènent la torche, versent le pétrole enflammé ; ils tuent, ils outragent et volent les morts.

Voilà ce que valait l'orgueil de ce siècle.

Mais, chose plus grave, le siècle ne comprend pas.

Il y a des ténèbres que ces flammes de la justice ne peuvent traverser.

(1) Apocal., XVIII et XIX.
(2) Job, X, 22.

Au-dessous des scélérats qui tuent, je place les niais qui condamnent la main et absolvent l'idée.

VOLTAIRE-SATAN

Mentir et tuer, c'est Satan tout entier, c'est son double visage. Eh bien! on continuera à mentir, pour qu'on puisse recommencer à tuer.

On a horreur du pétrole, et la plume est mille fois plus incendiaire que le pétrole. Le sabre homicide n'est que le prolongement du bras, aveugle instrument de l'idée.

Et la licence de la presse et la licence de la parole, voilà ce qui nous a livrés à l'incendie et au pillage.

Osez-vous encore, aveugles conducteurs d'aveugles, soutenir qu'il faut supprimer l'effet et conserver soigneusement la cause?

Il y a un spectacle plus navrant que celui du fanatique féroce qui assassine et brûle : c'est l'hébété qui le regarde sans comprendre !

Il y a un homme plus coupable que ce monstre : c'est le monstre qui l'a armé, c'est le monstre qui

lui a livré des victimes toutes couronnées de ca-
lomnies pour le sacrifice.

On croyait que Néron serait unique de son es-
pèce. Eh bien! non : les principes modernes ont
suscité une légion de Nérons.

Ris ton rire, Voltaire-Satan! ta statue restera
seule debout, pour jouir de la vue de Paris ruiné,
déshonoré comme toi : jalousie de démon!

C'est toi, infâme, qui l'as ruiné, qui l'as assassiné.

Tu méprisais la France, tu l'as corrompue et tu
l'as tuée. Règne sur ces décombres, qui sont ton
œuvre, avec Satan dont tu fus l'instrument! Règne!

Paris te couronna, Sodome t'eût banni. Et Paris
a le sort de Sodome, il est maintenant digne de
toi. Dilate ton rictus et embrasse de ton rire cynique la ville où tu as semé la haine homicide.

Depuis qu'ils t'ont couronné (1), voici leurs œuvres :

(1) Le 10 février 1778, Voltaire, âgé de quatre-vingt-quatre
ans, arrivait à Paris, qui lui fit une réception triomphale.
Hommes lettrés et grands seigneurs, femmes du grand
monde et artistes, tous affluaient chez son hôte, M. de Vil-
lette. Peu de jours après, le patriarche de l'impiété assistait

Un roi, le meilleur des hommes, assassiné, et cela juridiquement, par les représentants de la nation ;

Marie-Antoinette assassinée ;

Madame Élisabeth assassinée ;

Les prisonniers assassinés en masse et sans jugement ;

Les prêtres assassinés à Paris dans le jardin des Carmes, comme lorsque l'on tire sur une proie ;

à la sixième représentation d'*Irène*, une de ses pièces les plus nulles. Tout à coup, une fièvre d'enthousiasme s'empare des spectateurs ; le buste du vieillard est exposé sur la scèneet couronné au milieu de bravos prolongés et frénétiques. Lorsque Voltaire quitta la salle, il fut suivi d'une foule immense, porté à sa voiture et escorté jusqu'à son hôtel. Tout ce peuple criait : Vive Voltaire ! C'était le dix-huitième siècle tout entier, le siècle de Satan, qui passait, et Voltaire en était la personnification, et Paris battait des mains. Son admiration tenait de la rage, et elle était bien due à cet homme qui a su blesser Paris et le tuer : il a tué le Paris de Philippe-Auguste, le Paris de saint Louis, le Paris de la Ligue ; il en a fait le Paris de la Convention, le Paris de Napoléon 1er, le Paris des Alliés, le Paris de Louis-Philippe, le Paris de Napoléon III, le Paris de Rochefort, le Paris de la Commune, le Paris qui brûle et se tord sur sa couche de flammes, et qui dit, avec Mirabeau impénitent : « Entourez-moi de musique, environnez-moi de parfums, pour entrer gaiement dans le néant éternel. »

L'archevêque d'Arles assassiné ;

Des milliers et des milliers de justes assassinés, dont les fils vivent encore ;

Un Fouquier-Tinville, un Collot-d'Herbois, un Jourdan Coupe-Tête, un Carrier, etc., etc., maîtres absolus de la vie et de la mort ;

Les noyades de Nantes ;

Les glacières d'Avignon ;

Les têtes et les cœurs portés au bout d'une pique ;

Les verres de sang passés à la ronde ;

Des raffinements de cruauté à dérouter l'imagination d'un scélérat ;

D'infâmes sacriléges ;

Les reliques de la patronne de Paris, de sainte Geneviève, qui avait sauvé Paris, brûlées en place de Grève, crime qui attend encore, comme tant d'autres, sa réparation publique ;

L'adoration de la luxure ;

Des courtisanes placées sur les autels ;

Le pape Pie VI traîné en prison, et mourant à Valence victime d'affreux traitements ;

Le pape Pie VII mis au cachot dans une forteresse ;

Pie IX trahi à son tour et livré ;

Ses défenseurs, nos compatriotes, assassinés, et les survivánts privés de leurs droits civiques ;

Le sac de l'archevêché ; un archevêque de Paris traqué comme un ennemi ; quatre archevêques de Paris assassinés (1) ;

Les sanctuaires profanés, Jésus-Christ crucifié dans l'hostie sainte ;

Le massacre des prêtres renouvelé de 93, et cela, sans délire, froidement, comme un plagiat de l'histoire de Satan ;

La patrie livrée à l'étranger, et déshonorée sous son regard :

Voilà ce qui s'est écoulé de crimes depuis que Voltaire le Prussien, Voltaire le Russe, Voltaire le cynique, Voltaire le franc-maçon, Voltaire l'ennemi du Christ et de l'Église, Voltaire l'ennemi de la France, a été couronné par Paris.

---

(1) De Juigné, — Affre, — Sibour, — Darboy. Du couronnement de Voltaire en 1778, par les comédiens, au couronement de Voltaire, le 14 août 1870, par M. Chevreau, un seul archevêque, sur sept, Mgr Morlot, est mort dans son palais ; un seul roi, sur sept, Louis XVIII, est mort aux Tuileries.

Paris méritait bien d'être couronné à son tour. Il a élevé une statue à ce roi du mensonge. Et Paris brûle en présence de son roi : c'est une couronne de flammes que Voltaire-Satan lui réservait, et les orgies du couronnement s'écoulent en ruisseaux de sang.

Le philosophe, coulé en bronze par M. Havin, est donc resté debout pour contempler son œuvre. Un obus a seulement labouré l'endroit où se logent les coups de pied. Hâtez-vous de réparer le grand homme ; les honnêtes gens n'ont pas compris le geste.

O nations, nations qui passez à travers cet âge, oh ! pitié ! Oubliez cette heure néfaste ; que cette heure soit rayée du temps, qu'à cette heure l'histoire soit muette !

O nations, nations qui passez, dites, avez-vous vu ma patrie ?

ORPHELIN DE PATRIE

Qu'est devenue cette France si honorée, œuvre de l'Eglise, orgueil de l'Europe ? O ma patrie, où te retrouverai-je ? Peuples qui en fûtes jaloux, prenez en pitié ma douleur ; avez-vous vu ma patrie ? Des enchanteurs l'avaient séduite ; ils l'ont enivrée d'un breuvage mortel. Puis ils l'ont livrée à ses ennemis ; ils l'ont traînée sur tous les chemins, à travers les pierres et les ronces ensanglantées ; ils l'ont flagellée, ils lui ont craché au visage, ils se la passaient comme un jouet. Et elle a disparu dans un océan de boue. Dites, avez-vous vu ma patrie ?

—Ta patrie, elle a perdu pied sur le sol. Elle est remontée à Celui d'où elle descendit, d'où descendent toutes les patries élues

— Familles des nations, qui passez à travers cet âge de sang, avez-vous vu ma patrie ?

— Ta patrie, elle est allée où vont les patries qui meurent ; elle a suivi la voie de toute la terre ; elle est allée rejoindre les patries anciennes dans les horreurs du vide éternel.

— N'insultez pas le deuil de l'orphelin qui pleure une patrie. Mon âme se replie sur elle-même dans ses tortures, et ma douleur ne trouve plus de larmes, mon angoisse plus de sanglots. Et voilà que j'entends une voix de Dieu : « Je suis la patrie des âmes qui croient ; regarde en Moi ce que tu aimes, et espère !» Et moi : « Dieu me l'avait donnée, Dieu me l'a ôtée : que son saint nom soit toujours béni !»

L'affreuse courtisane, aux yeux hagards, coiffée de serpents, siffle en vain tous ses dards et vomit son fleuve empesté : « Il ne te reste plus qu'à maudire Dieu et à mourir ! (1) » Je ne l'écoutai point au jour de ses séductions, lorsqu'elle insinuait, parmi les enchantements du plaisir, la corruption et une confiance homicide. Maintenant que, se montrant dans son horrible laideur, elle souffle le désespoir et la haine, je la méprise et je bénis Dieu sur les ruines de ma patrie.

Non, la France n'est pas morte ! je sais où la trouver vivante encore : à l'Eglise et au camp !

LA COMMUNE

France ! France ! tes malheurs défient toute consolation. Hommes et peuples, vous tous qui viviez à sa lumière, ne vous étonnez-vous pas de lui

(1) Job, II, 9.

survivre ? La plaie qui la rongeait des pieds à la tête, cachée sous des fleurs, vient d'être mise à nu, et des scélérats y ont plongé le fer, et ils se sont plu à la torturer, et ils ont pris plaisir à l'étaler aux regards des étrangers dans sa hideuse nudité. Ses derniers chevaliers sont tombés à l'envi sur le champ d'honneur, emportant au Ciel et la patrie et son histoire, et la vieille France et ses traditions.

Et nous avons vu, à la place où elle fut, riche, glorieuse et enviée, des scènes d'enfer. Des légions de démons avec des figures d'homme, avec des figures de femme, ont souillé le trône de saint Louis, les asiles de saint Vincent de Paul, la chaire de vérité ; ils ont brisé la croix, ouvert le tabernacle ; ils ont aboli la famille et rayé Dieu de la langue humaine. Le blasphème est le mensonge à sa plus haute puissance de haine, et le meurtre en est le terme. Meurtres et blasphèmes, mensonges et coups de poignard, le pillage et l'incendie, le mal pour le mal, c'est leur manière de parler et d'agir. Et ils ont pu régner ! Et d'autres, au dehors, n'attendaient que le signal pour mettre le feu à la terre entière. Partie remise !

ROME ET PARIS

La fille a livré la mère ; la fille est châtiée.

Paris a trahi Rome ; Paris a été trahi par ses courtisans.

Paris a jeté le Pape à la Révolution ; la Révolution a jeté Paris à la voirie.

Paris a glorifié Garibaldi, l'ignoble et sale figure. Paris a eu, par choix, Napoléon III ; puis, par choix encore, Rochefort ; puis, Félix Pyat et Delescluze, Grousset, Raoul Rigaut, Assy et tous les autres.

La France très-chrétienne a déserté son poste d'honneur aux portes de l'Eglise mère et maîtresse ; l'Eglise mère et maîtresse a cessé d'être la gardienne de la France, et la France a été conquise, pillée, morcelée, rendue tributaire d'ennemis qu'elle méprisait.

Rome, abandonnée par Paris, a été envahie par des voleurs ; Paris, isolé de Rome, a été livré à des assassins.

On a fait une brèche à la Porta-Pia de Rome ;

Paris assiégé, ruiné, désolé, a pu envier la nourriture des pourceaux ; et, quand Paris s'est cru délivré par une main humaine, il n'était qu'au commencement de ses tribulations. Une armée peut maintenant passer par les brèches de son enceinte. Paris regorge de cadavres, la Seine est rougie de sang, Paris brûle.

LE SALUT

Mais, si Paris ne comprend pas, Paris disparaîtra ; de nouveaux châtiments surviendront, et il n'y restera pas pierre sur pierre.

Il faut que Paris comprenne que le remède doit être appliqué à la racine du mal.

La plume allume plus d'incendies que le pétrole. Car le pétrole brûle des maisons, et la plume excite les passions incendiaires. On peut, à la rigueur, reconstruire tous ces palais, si on le juge utile ; on ne restaure pas l'édifice moral des âmes sans un miracle d'en haut. Toutes les maisons de Paris, tous les chefs-d'œuvre qu'il contenait, ne valent pas une âme rachetée. Enfin, les torches de l'incendie détruisent le passé ; la plume détruit l'avenir en corrompant les générations. La poudre et le pétrole font sauter les murailles ; la plume fait sauter les sociétés.

Le salut n'est ni à Versailles, ni à Lyon, ni à Marseille, ni à Bordeaux ; moins à Versailles que partout.

Le Versailles de M. Thiers est au Paris de Rochefort ce que la Florence de Victor-Emmanuel est à la Rome des Garibaldiens. Ni Rome ne sera restaurée par Florence, ni la France par M. Thiers.

Voulez-vous savoir où est le salut ?

N'avez-vous pas remarqué qu'il n'est venu à la pensée d'aucun communard d'inquiéter les rabbins juifs ni les ministres protestants ?

Mais on a fusillé l'archevêque de Paris ! Mais on a fusillé des prêtres ! Mais on a fusillé des jésuites ! Pourquoi cette préférence persévérante ? De Néron à Delescluze, Pyat, Raoul Rigaut et Billioray, les ennemis de Dieu ne s'en prennent jamais qu'aux catholiques. Y a-t-il un fait plus constant et plus instructif ? Ces démons ne s'y trompent pas. Le catholicisme est le seul véritable conservateur de l'idée de Dieu, qui les effraie, et le seul gardien de la morale, qui les gêne.

Ah! Monsieur Thiers, aidez Paris à réparer ses théâtres, à reprendre ses affaires, à ressaisir le sceptre des modes et de la frivolité, à imposer à l'Europe ses goûts, à la province ses caprices, et surtout procurez-lui des violons. Que l'on danse et que l'on s'étourdisse, pour ne plus entendre les derniers craquements des édifices qui se consument; que l'on danse et que l'on s'étourdisse, pour ne plus entendre le râle des blessés et des mourants. Paris ne doit voir ni malades qui souffrent, ni pauvres en haillons qui demandent; tout cela est laid, tout cela est répugnant. Jetez des fleurs sur ces cadavres, relevez ces ruines, et que l'on joue et que l'on s'amuse. En avant, les violons!

Montpellier, impr. Gras.

4